Elfi Böhm

Winona, das Indiandermädchen, und andere Geschichten

Elfi Böhm

Winona, das Indiandermädchen, und andere Geschichten

Rediroma-Verlag

Bibliografische Information der Deutschen Nationalbibliothek:
Die Deutsche Nationalbibliothek verzeichnet diese Publikation in der Deutschen Nationalbibliografie; detaillierte bibliografische Daten sind im Internet über http://dnb.ddb.de abrufbar.

ISBN 978-3-96103-164-1

www.rediroma-verlag.de
13,95 Euro (D)

Inhalt

WINONA, DAS INDIANERMÄDCHEN

In einem großen Gebiet in Nordamerika lebten viele Indianer.

Jede Familie wohnte in einem großen Zelt, Wigwam genannt. In diesem befand sich eine Schlafstätte, ein Wohnraum und ein kleiner Ofen, worauf das Essen gekocht wurde. In einem Wigwam wohnte Satantas mit seiner Frau Lomasi und der hübschen Tochter Winona. Das Mädchen machte den Eltern viel Freude. Es half beim Saubermachen, konnte gute Suppe kochen, und wenn die Mahlzeit beendet war, räumte es den Tisch ab und lief anschließend zum naheliegenden Fluss, wo sie das Geschirr im Wasser reinigte.

Winona brauchte kein Tuch zum Geschirr Abtrocknen, denn die Sonne war so stark, dass beim nach Hause laufen die Teller und das Besteck trocken waren.

„Winona, du hast die Arbeit gut gemacht. Jetzt kannst du zu deinem Freund Tatonka gehen, vielleicht möchtet ihr auf seinem Pferd ausreiten?“, sprach die Mutter.

Winona lief eine Weile, bis sie beim Wigwam ihres Freundes ankam. Aber wo war er? Er saß sonst immer vor dem Eingang, um auf seine Freundin zu warten. Nur heute war alles anders. Winona lief um den Wigwam, aber Tatonka war nicht da. Sie zog die Decke beiseite und schlüpfte beim Eingang hinein. Und da lag er auf seiner Schlafstätte. Seine Wangen waren heiß und purpurrot, er hatte hohes Fieber.

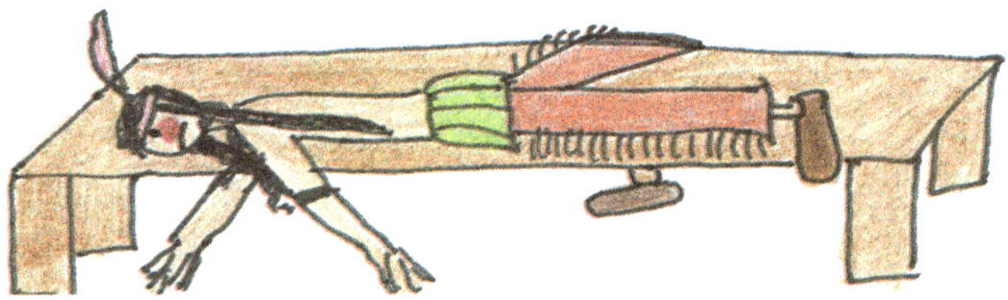

„Bitte reite heute alleine mit Hahkota aus, sei aber vorsichtig, überall lauern Gefahren!“, flüsterte er mit heiserer Stimme.

Winona küsste ihn auf die Stirn, nahm sein Pferd Hahkota, rief noch „gute Besserung!“ und galoppierte über Wiesen und Felder. Als sie an einem schönen Platz angekommen waren, band sie das Pferd an einem Baum fest. In dem Augenblick, als sie sich niedersetzen wollte, hörte sie Hufschläge und sah Soldaten auf Pferden, die immer näher kamen.

Jetzt gab es kein Vorwärts mehr und kein Zurück. Hinter dem Felsstück fand sie ein geeignetes Versteck. „Die werden gleich vorbeireiten“, dachte sie, „dann kann ich wieder heim zu meinem Freund, Tatonka.“

Doch die Soldaten waren von dem langen Ritt müde und von der Hitze durstig. Sie setzten sich nieder, holten Flaschen mit Wasser hervor und tranken daraus. Winona, die dies alles aus der Ferne beobachtete, flüsterte Hahkota ins Ohr: „Pst, jetzt ganz leise sein, keine Bewegung bitte!“ Und das Pferd gehorchte, es war mucksmäuschenstill.

„Morgen in der Früh überfallen wir die Indianer, die dort unten wohnen. Dann nehmen wir sie fest und zünden alle Wigwams an!“, rief ein Soldat dem anderen zu.

Als Winona dies hörte, fing sie leise zu weinen an. „Wie kann ich meine Familie, meine Freunde vor diesen bösen Soldaten schützen? Was kann ich tun? Wie kann ich helfen?“, schluchzte sie.

Ganz leise kroch sie von ihrem Versteck heraus, band Hahkota los und vorsichtig trippelten sie die andere Seite des Berges hinab, bis sie im Tal angekommen waren. Dort setzte sie sich wieder auf das Pferd und wie der Wind galoppierte sie in das Gebiet, wo ihre Familie und Freunde wohnten.

„Bitte, hört mir zu! Morgen in der Früh werden wir von Soldaten überfallen! Verständigt sofort alle unsere Freunde aus der Umgebung, sie müssen mit Pfeil und Bogen kommen, um uns zu helfen. Es ist wichtig. Sehr sogar!“, schrie Winona ganz aufgeregt.

Naapi, der älteste Indianer, nahm die große Trommel aus seinem Wigwam und begann zu trommeln. Ein anderer machte mit einem Feuer Rauchzeichen, der kleine Winnetou zeigte mit seinen Fingern die Richtung an, woher die Soldaten kommen würden. Und da war noch einer, der ein Stück eines Spiegels besaß und mit diesem Blinkzeichen abgab.

Es dauerte nur kurze Zeit und da kamen schon von allen Seiten die Indianer, um ihre Hilfe anzubieten. Sie setzten sich in die Mitte des Platzes, in den Händen hielten sie Pfeil und Bogen.„Hm, was machen wir als erstes, wie gehen wir vor?“, fragte

Naapi, der älteste Indianer, und sah verzweifelt in die Runde. „Wir müssen die Frauen und Kinder schützen. Beim Fluss stehen Bäume, dahinter sollen sie sich verstecken. Dann werden wir in den Wald schleichen und unter die Büsche kriechen. Wenn die Soldaten ganz nahe sind, springen wir aus dem Versteck und erschrecken sie mit unseren Pfeilen und Bögen", flüsterte Tatonka mit heiserer Stimme. Die Indianer befolgten seinen Rat, krochen unter die Büsche und warteten bis zum Morgengrauen.

Da hörten sie schon das Getrippel der Hufen und bald darauf sahen sie die Soldaten auf den Pferden. Die Indianer nahmen Pfeil und Bogen zur Hand und machten sich unter den Büschen zum Angriff bereit.

Wie die Soldaten nur eine Hand breit entfernt waren, sprangen die Indianer aus ihren Verstecken und riefen „Hua – Hua!". Viele Soldaten erschraken durch den Schrei und waren ganz blass. Einige ritten davon. Die anderen, die nicht so ängstlich waren, wollten ihre Gewehre hervorholen. Aber die Indianer waren schneller. Sie spannten ihre Bögen, legten die Pfeile an, und … „psiu, psiu« … zischten die Geschosse davon.

„Au, au weh" schrie ein Soldat. „Ein Pfeil steckt in meinem Hinterteil!"

„Hilfe!“, rief der nächste. „Mein Bein blutet.“ Und wieder ein anderer schrie: „Um Gottes Willen, ganz knapp an meinem Kopf vorbei. Nichts wie weg!“

Die gesunden Soldaten klaubten die Verwundeten auf, banden sie auf ihre Pferde und ritten so schnell sie konnten davon. Die Indianer jubelten und freuten sich über ihren Sieg.

Tatonka lief zum naheliegenden Fluss. „Frauen und Kinder, kommt aus euren Verstecken. Die Gefahr ist vorüber“, rief er.

Hinter den Bäumen kamen sie hervor und liefen zu ihren Wigwams. Als sich alle am Platz eingefunden hatten, wurde ein großes Fest vorbereitet. Es wurde gekocht und gebraten, auf die Tische wurden Tischtücher verteilt, in die Gläser kamen Wasser und Säfte. Die Indianermädchen Yamka und Citali fingen zu singen an und bewegten sich dazu im Kreis.

„Ruhe, bitte!“ rief Satantas, „ich habe eine wichtige Mitteilung zu machen!“

Es wurde still. Niemand aß ein Stückchen vom Fleisch oder trank Saft aus dem Glas. Niemand hustete oder nieste. Da stand Satantas von seinem Sitzplatz auf, nahm seine Tochter Winona an der Hand, ging mit ihr ganz langsam zu ihrem Freund, Tatonka und sprach:

„Du bist unsere Retterin. Dir haben wir zu verdanken, dass wir gesund und munter sind."

Alle jubelten und freuten sich, dass Winona ein so tapferes Mädchen war.

Da rief Tatonka: „Einen Moment noch," und verschwand hinter seinem Wigwam. Kurz darauf kam er mit seinem Pferd Hahkota und stellte sich vor Winona. „Das ist mein Geschenk an unsere Retterin." Er übergab ihr das Pferd.

Winona war glücklich, und als sie ihren Freund auf die Wange küssen wollte spürte sie, dass sie nicht mehr heiß waren. „Du bist wieder gesund, jetzt aber schnell ein Tänzchen!", rief sie.

Und die beiden Indianermädchen Yamka und Citali fingen wieder zu singen an und drehten sich im Kreis.

Bis in die frühen Morgenstunden wurde zu den Trommelklängen getanzt. Alle hatten große Freude, dass die Soldaten besiegt wurden.

Die indianischen Vornamen heißen in unserer Sprache:
Satantas – „weißer Bär“
Lomasi – „schöne Blume“
Winona – „Erstgeborene“
Tatonka – „Büffel“
Hahkota – „Grashüpfer“
Naapi – „flinker Biber“
Yamka – „die Blüte“
Citali – „der Stern“

PRINZESSIN PLAPPERMAUL

König Pimpifax lebte mit seiner schönen Tochter in einem großen Schloss. Täglich rief er seine Minister zu sich, um die Neuigkeiten zu erfahren. Doch er hörte ihnen gar nicht zu, sondern lehnte sich zurück und gähnte. Der König war immer müde, denn seit die Prinzessin auf der Welt war, konnte er nicht mehr schlafen. Sie plapperte von früh bis spät und auch nachts hörte sie nicht damit auf.

Am Vormittag ging die Gouvernante in das Zimmer, kleidete die Prinzessin an, nahm sie an der Hand und begleitete sie zum Frühstückstisch.

Einige Scheiben Brot, etwas Butter und eine Kanne warme Milch standen bereit, und während die Gouvernante das Brot mit Butter bestrich, erzählte die Prinzessin allerlei und hörte gar nicht mehr zu reden auf.

„Ach, ist dieses Kind anstrengend. Ich kann mich beim Butterbrote Streichen nicht mehr konzentrieren“, jammerte sie.

Da bewegte sich der müde König ganz langsam, erhob sich aus seinem Thron und setzte sich zur kleinen Prinzessin.

Er nahm sich ein Stück Brot und biss davon ab.

Das sah die Prinzessin und hatte Angst, zu wenig abzubekommen. Sie stopfte gierig den Rest des Brotes in sich hinein, plapperte drauf los und verschluckte sich.

„Ich habe dir schon hundertmal gesagt, dass du beim Essen nicht sprechen sollst!“, schrie der König.

„Ich kann plappern, solange und sooft ich will!“, antwortete sie und hustete beim Reden.

Der König bekam vor Zorn einen hochroten Kopf, legte das Brot zur Seite und schrie, dass man es noch viele Meter weiter hören konnte:

„Dein Plappermaul bleibt ab jetzt verschlossen!“

Er nahm ein Vorhangschloss aus seinem Nachtkästchen, versperrte ihren Mund damit und steckte den Schlüssel ein.

In der Nähe des Schlosses befand sich ein großer See. Er schritt langsam dorthin und warf den kleinen Schlüssel in das tiefe Wasser.

„Jetzt hört endlich das Geplapper auf und ich kann ab heute wieder schlafen!“, murmelte er vor sich hin.

Die Prinzessin war ab diesem Tag sehr traurig und ging nicht mehr aus ihrem Zimmer. Sie saß am Fenster und sah hinaus in den Schlosspark.

Im Frühling bewunderte sie die blühenden Obstbäume, im Sommer freute sie sich über die Margeriten und im Herbst gefiel ihr das bunte Laub auf den Bäumen. Im Winter zählte sie die Eiszapfen, die vor ihrem Fenster hingen.

Es vergingen viele Jahre. Der König war inzwischen alt und einsam geworden und setzte sich zur Gouvernante.

„Wie schön wäre es, wenn meine schöne Tochter wieder plappern könnte", seufzte er. Und so kam er auf die Idee, nach dem Schlüssel im See zu suchen.

Er rief seine Berater zu sich und die begannen im Wasser zu waten. Aber der Schlüssel war verschwunden.

Dann mussten seine Reiter durch die Lande ziehen und an jedem Baum entlang der Straße, ein Blatt Papier mit folgendem Text aufhängen:

„Achtung, Achtung!
Unser trauriger König möchte seine schöne Tochter wieder plappern hören.
Wer den kleinen Schlüssel findet, der in das Vorhangschloss passt, darf die schöne Tochter heiraten und wird somit der neue König."

Das hörte auch der Holzfäller Alex, der in einer kleinen Hütte im Wald wohnte. Er stapelte das Holz auf den Karren und brachte es in die Stadt. Diese Arbeit war sehr schwer und am Abend fiel er müde ins Bett. Nur am Sonntag machte er Pause. Er gönnte sich ein bisschen Ruhe und ging mittags in ein Gasthaus.

Einmal leistete er sich eine Leberknödelsuppe, ein anderes Mal einen Apfelstrudel mit Milch oder einen Spinat mit Spiegelei.

An diesem Sonntag aber ließ er es sich gutgehen und bestellte eine gebratene Forelle. Er spießte ein großes Stück auf seine Gabel und biss in den Fisch.

„Autsch!“, rief er und spuckte das harte Ding in seinen Teller.

Was sah er da? Es war ein kleiner Schlüssel.

Er ging in seine Hütte zurück, zog sich die Jacke über, putzte seine Schuhe und machte sich auf den Weg zum Schloss.

Als er dort ankam, hatte er Mühe, durch die große Menschenmenge zu gelangen.

Viele Leute gingen in das Zimmer der Prinzessin und probierten mit ihren Schlüsseln das Vorhangschloss an ihrem Mund zu öffnen.

Einer hatte einen Kirchtorschlüssel, ein anderer einen aus einem Uhrenkasten, wieder ein anderer einen von einem Gartentor. Keiner passte.

Dann nahm Alex den kleinen Schlüssel aus seiner Jackentasche und probierte an dem Vorhangschloss.

Und ...? Der Schlüssel passte.

Der Mund der schönen Prinzessin öffnete sich wieder.

Der König rief die Hofschneider zu sich und diese begannen ein wunderschönes Hochzeitskleid für die Prinzessin anzufertigen.

Die Gärtner pflückten Rosen und schmückten die Tische. Aus dem Schlosskeller wurde der beste Wein hervorgeholt und die Köche bereiteten ein wunderbares Hochzeitsmahl zu.

Dann läuteten im ganzen Land die Kirchenglocken.

Der alte König nahm seine Krone vom Kopf und setzte sie dem jungen König auf.

Als der Bischof während der Trauung die schöne Prinzessin fragte, ob sie für den Bund des Lebens bereit sei, hauchte sie „Ja“. Und als der junge König an die Reihe kam, sagte dieser laut und deutlich: „Ja, ich will.“

Seit dieser Zeit spricht die junge Königin wieder von früh bis spät, nur während der Mahlzeiten sagt sie kein Wort.

MIMI, DIE REISELUSTIGE SCHNEEFLOCKE

„Für nächste Woche haben sie im Radio Schnee angesagt“, sagte Frau Kieselerde zu ihrem Mann, „jetzt heißt es wieder, die Schneestiefel in das Schuhregal zu stellen.“

„Ich mag den Winter sehr gerne, ganz besonders dann, wenn die Schneeflocken beim Küchenfenster vorbei wirbeln“, antwortete er, „da muss ich jedes Mal an meine Mutter denken, wie sie mir eine Geschichte erzählt hat, als ich noch ein kleines Bübchen war.“

„Komm, setz dich zu mir und erzähle ...“, flüsterte Frau Kieselerde.

„Ich will hinunter auf die Erde“, rief eine ganz süße, kleine Flocke. „Ich kann es nicht mehr erwarten!“

„Nein, Mimi, es ist noch ein bisschen Zeit. Wenn wir schon auf die Erde fliegen, dann alle gemeinsam“, sprach eine etwas größere Schneeflocke und hielt Mimi an ihrer kleinen Hand.

„Ich will nicht mehr warten, ich will alleine fliegen.“

Sie riss sich los und wirbelte durch die Luft. Ein starker Wind wehte und Mimi hatte großen Spaß, machte Purzelbäume – einmal nach vorne und dann zurück. So ging es eine Weile. Der Wind wurde heftiger, und als sie sich umdrehen wollte, um ihren Freunden auf der Wolke zuzuwinken, waren diese verschwunden.

Sie tanzte und drehte sich und machte Luftsprünge. Nach einer Weile blickte sie nach unten und sah eine fremde Umgebung. Hohe Berge mit Schnee kamen immer näher auf sie zu.

„Juchuu, ein schöner Berghang, da möchte ich jetzt landen“, rief Mimi und ließ sich auf einem Schneefeld nieder.

Kinder saßen auf Schlitten und ließen sich von den Eltern nach oben ziehen. „Mir kann jetzt nichts passieren. Ich fühle mich hier sicher“, dachte Mimi. Da raste ein Schifahrer knapp an ihr vorüber und löste eine Lawine aus.

„Hiiilfe, ich kann nichts mehr sehen!“, schrie sie. „Ich will nach oben!“

Lawinensuchhunde wurden losgelassen, um nach dem Verschütteten zu suchen.

„Hau ab, mit deiner kalten Schnüffelnase!“, rief sie einem der Hunde zu. Nach kurzer Zeit bewegte sich etwas unter der Schneedecke und der Schifahrer stieg unverletzt nach oben.

„So etwas möchte ich nicht mehr erleben, ich will weg! Ich möchte dorthin, wo es ein bisschen wärmer und gemütlicher ist.“

Als sie diesen Satz ausgesprochen hatte, hörte sie ein Brausen und der Wind, der zuvor noch schwächer war, wurde immer stärker.

„Juchuu, jetzt geht's wieder voran“, rief sie und sah unter sich hohe Eisberge und Eisschollen im Wasser schwimmen. Sie flog immer tiefer und ließ sich auf einem Eisklumpen nieder.

„Brumm, brumm“, hörte sie und sah, wie Männer mit Angelruten in den Händen auf einem Motorschiff näher kamen.

„Wir bleiben hier! Die vielen Fische bringen uns viel Geld! Wenn sie dann schon einmal im Container sind, dauert es nicht mehr lange, dass sie nach Amerika geflogen werden. Aber zuvor werden wir aus dem Eis einige Stücke hacken und diese auf die Fische legen. So bleiben sie während der langen Reise frisch, verstehst du?“ Der ältere Mann nickte, er hatte es verstanden.

„Hack, hack“, hörte Mimi und so schnell konnte sie gar nicht schauen, da war sie schon mit den Fischen in der Kiste eingesperrt. „Brumm, brumm“ – das Motorschiff gab Gas und fuhr zu einer naheliegenden großen Eisscholle, worauf sich ein Flughafen befand. Die Kiste mit den Fischen und der süßen, kleinen Mimi wurde in einen riesen großen Container geladen.

„Letzter Aufruf! Die Maschine startet in Kürze!“, rief eine helle Frauenstimme aus dem Lautsprecher und die Gepäckstücke wurden in das Flugzeug geladen.

„Ich bekomme keine Luft und stinken tut es hier auch“, dachte sich die kleine Schneeflocke, denn sie lag ganz eng zusammengedrückt zwischen den Fischen.

Das Flugzeug hob ab und nach einigen Stunden hörte sie aus dem Lautsprecher:

„Wir sind gelandet. Alles ausladen!“

Die Kiste, worin Mimi gelegen war, wurde geöffnet und Männer mit Kochmützen auf dem Kopf nahmen die Fische mit den Eisstücken heraus und fuhren zum Hotel.

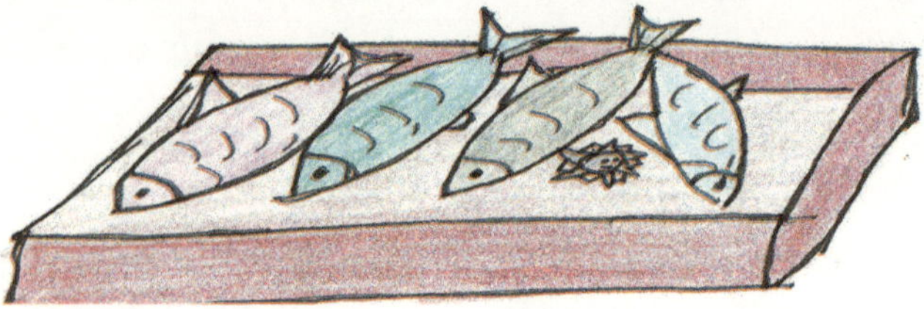

„Wunderbare Fische sind aus dem hohen Norden eingetroffen. Das wird heute ein herrliches Abendessen geben“, sprach ein Koch zum anderen und stellte eine große Bratpfanne mit heißem Öl auf den Herd.

„Nichts wie weg!“, rief Mimi, „ich will nicht gebraten werden, da schmilze ich.“

Der Koch schaltete die Dunstabzugshaube ein, da wurde Mimi durch den Kamin hinaus gewirbelt.

„Amerika kann ja ein schönes Land sein, aber mir gefällt es gar nicht!“, rief sie und starrte in den Himmel.

Da sah sie in der Ferne, wie sich der Himmel verdunkelte.

Es fing zu blitzen und donnern an und ein Regenguss, wie sie ihn zuvor noch nie gesehen hatte, war eingetroffen.

„Alle Fenster und Türen verschließen!“, riefen sich Menschen zu. „Ein Orkan ist angesagt!“ Es dauerte nicht lange und ein großer Wirbelwind fegte über das Land. Fahrräder, Bäume und Blumentöpfe lagen auf den Straßen, Hausdächer flogen durch die Luft.

Ein Windstoß kam und nahm Mimi mit.

„Hurra, ich fliege nach oben!“, rief sie und wirbelte immer höher und höher.

„Diese Wolke kommt mir bekannt vor“, dachte sie und da sah sie auch schon ihre Freunde, die ganz besorgt nach ihr Ausschau gehalten hatten.

„Mimi, endlich, bist du wieder da, wir haben uns so große Sorgen gemacht!“, rief die ältere Schneeflocke, die zuvor noch Mimis Hand ganz fest gehalten hatte.

„Komm, erzähl“, riefen die Freunde.

Und die süße, kleine Schneeflocke erzählte ganz aufgeregt ihre Erlebnisse: von der Lawine, dem Spürhund mit der kalten Nase, den Fischern auf dem Boot, den stinkenden Fischen im Behälter, der Bratpfanne mit dem heißen Öl am Herd, dem starken Sturm.

„Und wie hat dir meine Geschichte von der Schneeflocke gefallen?“, fragte Herr Kieselerde seine Frau, „die hat mir meine Mutter oft erzählt, als ich noch ein kleines Bübchen war. Das ist aber schon sehr, sehr lange her ...“

„Das war eine besonders schöne und spannende Geschichte“, flüsterte Frau Kieselerde ihrem Mann zu und küsste ihn auf die Wange. Beide umarmten sich und gingen zum Küchenfenster.

„Sieh nur, es fängt zu schneien an. Ist das schön!“, rief Herr Kieselerde.

„Ob die reiselustige süße, kleine Schneeflocke an unserem Fenster vorbei wirbeln wird?“

DIE GROSSARTIGE ISOLDE

„Komm und schau, wie sie wieder das Plakat von oben nach unten betrachtet“, rief der Dackel einem Windhund zu. „Sie glaubt noch immer, einmal eine bekannte Turnerin zu werden!“

Isolde war ein Pudel und lebte mit vielen herrenlosen Hunden auf einer Müllhalde. Ein Schäferhund, Pinscher, Schnauzer, Wachhund, Mops, Jagdhund, Pekinese, ein deutscher Wachtelhund, friesischer Wasserhund sowie ein mexikanischer Nackthund tobten durch die Gegend, und wenn sie müde waren, legten sie sich zwischen abgestellte Fahrräder oder Autoreifen.

Ab und zu fanden sie Knochen, die von der naheliegenden Metzgerei abgeliefert wurden. Das war etwas ganz Besonderes. Die Hunde vergruben sie, und wenn sie großen Hunger verspürten, buddelten sie die Knochen aus ihren Verstecken wieder hervor.

„Komm, Isolde, streunen wir doch ein bisschen durch die Straßen und erschrecken die Kinder!“, riefen ihr die Hunde zu.

„Nein, nein – keine Zeit und außerdem, erschrecken tut man niemanden!“, rief sie zurück.

Isolde war ein sportlicher Pudel und begann schon in der Früh mit dem Turnen. Die Dehnungsübungen waren für sie sehr wichtig, denn ihre Muskeln wurden dabei schon gelockert. Anschließend legte sie sich auf den Rücken, strampelte mit den Beinchen und übte einen Handstand. Zuletzt sprang sie auf allen Vieren in die Höhe, und bevor sie wieder zur Ruhe kommen wollte, hörte sie eine Stimme aus einem Lautsprecher:

„IN EINEM MONAT FINDET EIN GROSSES FUSSBALLTURNIER STATT!
CHEERLEADER WERDEN SIE DABEI ANFEUERN!
WER HAT DEN MUT GEGEN DIESE MANNSCHAFT UND MIT EIGENEM CHEERLEADER ANZUTRETEN?“

„Das Wort *Fußballturnier* habe ich verstanden, was ist aber ein *Tschirlieda*?«, dachte sie sich. Da kam ihr ein guter Duft entgegen. Ein Knochen, der in Zeitungspapier gewickelt war, lag vor ihr. Sie kaute ein bisschen daran und blätterte in der Zeitung. Da sah sie eine Cheerleaderin abgebildet. In ihren Händen hielt sie Puschelbälle und zeigte, wie man „raschel, raschel“ und „schüttel, schüttel“ macht. Weiter war zu lesen, dass man fünfmal die Woche trainieren muss, um auch so berühmt zu werden. Die Stimme sollte kräftig sein, denn eine Fußballmannschaft sollte mit lauter Stimme angeführt werden.

„Das ist es! Ich werde Cheerleader!“, jubelte sie.

Als die streunenden Hunde zurückkehrten, rief sie: „RUHE! Hört endlich mit dem Gebelle auf. Ich will euch etwas mitteilen: Anstatt, dass ihr durch die Straßen lauft und Kinder erschreckt, könnt ihr euch nützlich machen, indem ihr mit einer Sportart beginnt, und zwar mit dem Fußballspiel! Überall liegen hier Bälle verstreut, ihr werdet mit diesen fleißig trainieren und eine Mannschaft gründen. Und wenn ihr dann ein Spiel bestreitet, werde ich euch mit meinen Rufen anfeuern!"

Die Hunde waren von der Idee total begeistert und suchten nach Bällen, die zwischen Autoreifen, Kartoffelschalen, abgebissenen Bananen und kaputten Fahrrädern lagen.

Täglich wurde trainiert, die Hunde liefen nach vorne und zurück, sprangen in die Höhe und versuchten die Bälle zu fangen. Aus Brettern bastelten sie ein Fußballtor und schossen mit ihren Bällen darauf.

„Heute ist es so weit! Der Monat ist um und unsere Fußballmannschaft wird bei dem Spiel antreten. Wir werden gewinnen!", rief Isolde den Hunden zu. „Und jetzt möchte ich es von euch hören!"

„W-i-r w-e-r-d-e-n g-e-w-i-n-n-e-n!",

rief die Mannschaft und so laut, dass man es bis zum anderen Ende der Müllhalde hörte. Die Hunde suchten im Müll nach der passenden Kleidung. Kurze und lange, rote und gelbe, grüne und orange, mit Punkten und Streifen, mit Löchern versehene Hosen buddelten sie hervor. Sie zogen sie über und liefen mit Isolde voran zum Fußballfeld.

„Wie wird Ihre Mannschaft heißen?“, fragte der Punktrichter, der schon mal den großen Siegespokal auf den Tisch stellte. „Hm, wie soll unsere Mannschaft heißen? Jetzt weiß ich es. Sie nennen sich: Die bunten Hunde von der Müllhalde!“

„Okay“, sprach der Punktrichter, „macht euch langsam fertig, in zwanzig Minuten beginnt das Spiel.“

Isolde nahm eine große Tasche und versteckte sich hinter einem Baum. Mit roten Schuhen an ihren Beinchen, blauen Puschelbällen in den Händen, am Kopf eine grüne Haarschleife, auf ihren Lippen etwas roter Lippenstift, so trippelte sie hinter dem Baum hervor.

Die Gegenmannschaft war schon am Platz, die Cheerleader begannen mit einem gelben Wedel zu wackeln, ihre Stimmen konnte man fast nicht hören. Dann war es soweit.

„Die bunten Hunde von der Müllhalde“ liefen auf den Platz. Ganz voran Isolde. Sie war so wunderschön. Alles war ruhig, kein Mäuschen konnte man hören. Isolde begann lauthals in die Menge zu rufen:

„Und jetzt zu euch, ihr lieben Leute,
ein großes Spiel beginnt dann heute,
ihre werdet staunen und könnt sehen,
bitte sitzen bleiben und nicht gehen,
was meine Hunde haben gemacht,

nicht, über Nacht –
sie haben trainiert viele Tage und Wochen
und freuen sich beim Sieg über einen großen Knochen.“

Großer Jubel brach auf dem Fußballfeld aus.

Isolde begann mit ihren blauen Puschelbällen fest zu wedeln, schüttelte ihren Körper nach rechts und nach links, sprang in die Höhe und drehte sich mehrmals dabei. Die grüne Haarschleife am Kopf bewegte sich hin und her.

„Die bunten Hunde von der Müllhalde“ schossen ein Tor nach dem anderen und gingen als Sieger hervor. Isolde wurde aufgerufen und nahm den Siegespokal in die Hände, jeder Spieler ihrer Mannschaft erhielt einen großen Knochen.

„Weißt du noch, wie wir damals Isolde ausgelacht haben, als sie vor dem Plakat stand?“, fragte der Dackel und schaute zum Windhund und beide schämten sich, weil sie nicht an Isolde geglaubt hatten.

„Hier riecht es nach Fleisch, war der Wagen mit den Fleischresten wieder da?“, fragte der Schäferhund seinen Freund, den Mops. Bevor der aber antworten konnte, waren auch schon all die anderen Hunde herbeigelaufen, um dem Duft nachzugehen. In Zeitungen eingepackt fanden sich viele Knochen und sofort begannen sie daran zu nagen.

„Hm, himmlisch!“, riefen die Hunde.

Isolde legte ihren beiseite und streifte die Zeitung glatt, um sie zu lesen.

„LETZTE PRESSEAUSSENDUNG“:

SEIT HEUTE GIBT ES EINE GROSSE PERSÖNLICHKEIT!
SIE HEISST ISOLDE UND IST DIE CHEERLEADERIN IHRER MANNSCHAFT „DIE BUNTEN HUNDE VON DER MÜLLHALDE“. SIE HAT IHREN MUT NIE VERLOREN UND IMMER AN IHRE MANNSCHAFT GEGLAUBT!

Isolde war sehr glücklich, als sie diese Zeilen las. Sie legte die Zeitung beiseite und wollte an ihrem Knochen nagen.

Da sah sie ihre Freunde, wie sie mit den Bällen fleißig trainierten, um sich für das nächste Fußballspiel vorzubereiten. Und sie würden sicher wieder mit Isolde als „Cheerleaderin“ gewinnen.

Mit ihrer Mannschaft:

„Die bunten Hunde von der Müllhalde“.

DER KLEINE HUBSCHRAUBER EMMERICH

Inmitten einer großen Stadt gab es einen Flughafen mit einem Aussichtsturm, einer Funkzentrale und einem großen Hangar.

In diesem befand sich für jedes Flugzeug eine Kabine. Auf jeder Kabinentür hing ein Zettel, worauf der Name des Flugzeuges stand.

Auf einer Tür konnte man lesen:
Hier befindet sich der wunderschöne, silbergraue Düsenjet „Herbert“, der rund um die Welt fliegt.

Auf der nächsten stand:
Hier befindet sich das rote Motorflugzeug „August“, welches mit Ihnen über die Stadt fliegt.

Auf einer anderen wiederum:
Hier befindet sich „Alfred“, das grüne und mutige Kriegsflugzeug, welches in Krisengebiete fliegt.

Und auf einer kleinen Kabinentür, ganz rückwärts in einer dunklen Ecke, stand:
Hier befindet sich der kleine Hubschrauber „Emmerich“, der noch nie fliegen durfte.

Als es Abend wurde, hörte man lautes Brummen. Emmerich wusste, jetzt kommt „Herbert“ von seinem Flug zurück.

Nachdem viele Menschen mit ihren Taschen und Koffern aus dem Düsenjet ausstiegen und den Freunden, die am Aussichtsturm warteten, zuwinkten, kam Herbert in seine Kabine im Hangar.

Da standen schon Männer mit Kübeln voll Wasser und Schwämmen bereit und machten ihn sauber. Ach, wie Herbert wieder glänzte. Er schaute sich in den Spiegel und gähnte.

„Wie war es denn heute?“, fragte Emmerich.

„Ach, immer dasselbe. Zuerst flog ich über Afrika, da sah ich die Einheimischen in ihren bunten Kleidern tanzen, dann weiter nach Australien, wo Kängurus über Wiesen sprangen, und danach flog ich über das Eismeer, wo Eisbären auf Eisschollen saßen. Jeden Tag muss ich diese Strecke fliegen. Das ist so langweilig,“ sprach Herbert und gähnte erneut.

„Ich möchte auch fliegen, immer muss ich hier in der finsteren Ecke stehen“, jammerte Emmerich.

Als Herbert einschlief, hörte man ein Flugzeug am Himmel, die Tür vom Hangar ging auf und in die Kabine fuhr „August“, der rote Motorflieger, der von der Stadtrundfahrt zurückkam.

„Wie war es, August?“, fragte Emmerich.

„Wie soll es schon gewesen sein? Immer dasselbe. Zuerst flog ich über ein kleines Dorf an einem Fluss, dann über Wien. Unter mir das Riesenrad, der Stephansdom und im Tiergarten waren Bären, Löwen und Giraffen. Jeden Tag dasselbe. Das ist schon so langweilig“, jammerte August.

„Ich möchte auch einmal über Wien fliegen,“ bettelte Emmerich. „Nur weil ich noch so klein bin, darf ich nicht fliegen. Immer muss ich hier in der finsteren Kabine stehen.“

Plötzlich hörte er ein dumpfes Geräusch am Himmel. Die Tür ging auf und „Alfred“ kam herein. Er war schweißgebadet und fuhr sofort in seine Kabine.

„Wie war es, Alfred?“, fragte Emmerich.

„Immer dasselbe,“ sprach dieser mit zitternder Stimme. „Ich flog über das Krisengebiet. Viele Flugzeuge kamen näher und versuchten auf mich zu schießen. Ich war aber schneller und konnte mich hinter einem Berggipfel verstecken. Als ich um den Berg flog, sah ich, wie unter mir Soldaten kämpften und verletzt am Boden lagen. Dann öffnete ich meine Ladeluke und warf Kisten mit Decken und Medikamenten hinunter. Jeden Tag muss ich in dieses Gebiet fliegen. Ich will nicht mehr!“, sprach Alfred. Er machte seine Augen zu und schlief ein.

„Ich möchte heraus aus meiner finsteren Kabine!“, schrie Emmerich. „Nirgendwo darf ich hinfliegen, nicht rund um die Welt, nicht über Wien und auch nicht in das Krisengebiet.“

Über seine dicken Wangen liefen dicke Tränen. Als er die Augen zumachen wollte, hörte er eine Stimme aus dem Lautsprecher:

„Kampfflugzeug Alfred bitte melden! Schnell in das Krisengebiet!“

Doch Alfred hörte nichts. Er schlief tief und fest.

Jetzt kam für Emmerich, den kleinen Hubschrauber, die Gelegenheit. Er öffnete ganz leise seine Kabinentür und fuhr aus dem Hangar. Niemand konnte ihn hören. Er schaltete sein Licht an, startete den großen Motor und schwirrte in die Luft. Er drehte eine Runde und sah unter ihm seinen Flughafen mit dem Hangar.

Als er viele Stunden geflogen war, hörte er schon großes Krachen. „Jetzt bin ich im Krisengebiet“, dachte er sich. Links und rechts von ihm flogen Flugzeuge vorbei, die ihn mit ihren Raketen abschießen wollten. „Päng, päng!“, hörte er. Er versuchte tiefer zu fliegen, und da war es wieder: „Päng, päng“.

„HILFE, HILFE“, schrie Emmerich. „Meine schöne Hubschrauberkabine ist durchlöchert und aus meinem Motor steigt Rauch auf!“

Er flog langsam tiefer und landete hinter einem Hügel. Soldaten liefen herbei und sahen aus dem Hubschrauber Rauch aufsteigen.

„Schnell, Soldaten, der Motor brennt!“

Einer kam mit einem Feuerlöscher herbei und löschte die Flammen. „Der Motor ist wieder in Ordnung“, sprach der Soldat und ging um den Hubschrauber herum. Erst jetzt sah er, dass der Rumpf durchlöchert war. „Schnell, den Sanitätskasten!“

Der Soldat lief zu seinem Panzer. Im Sanitätskasten befanden sich eine Jodtinktur, Mullbinden, eine Schere und jede Menge Wundpflaster. Er nahm die Schere, schnitt vom Wundpflaster verschiedene Größen zu und überklebte damit die Löcher.

„So ein kleiner und mutiger Hubschrauber. Bravo!", hörte Emmerich noch den Soldaten sagen.

Dann stieg er hoch und flog fort. Er war viele Stunden unterwegs.

Endlich sah er unter ihm seinen Flughafen mit dem Hangar. Er ging langsam nieder und landete auf der Rollbahn. Aus dem Flughafengebäude lief ihm ein Mann mit einer Zeitung in der Hand entgegen.

Er blieb vor Emmerich stehen und zeigte ihm die Titelseite.

Emmerich, der kleine Hubschrauber aus dem Hangar, hat sich im Krisengebiet so tapfer geschlagen, dass er ab sofort mit der großen Tapferkeitsmedaille ausgezeichnet wird.
Es wird gebeten, diese bei jedem Flug umzuhängen.

Ein zweiter hielt einen Blumenstrauß in der Hand, die Stadtmusikkapelle spielte einen Marsch und Kinder sangen. Als das Lied beendet war, überreichte ihm der Bürgermeister eine Urkunde.

<u>Hier befindet sich der großartige und tapfere Hubschrauber Emmerich, der ab heute rund um die Welt und über alle Städte fliegen darf.</u>
Der Bürgermeister

Die Urkunde wurde an der Kabinentür des Hangars befestigt. Viele Tage und Nächte musste Emmerich seinen Freunden, „Herbert“, dem Düsenjet, „August“, dem Motorflieger, und „Alfred“, dem Kampfflugzeug, von seinen Erlebnissen erzählen.

In Krisengebiete möchte er aber nie mehr fliegen.